20
11
15
19
2
13
24
4
10
17
9

Von Maja von Vogel sind in dieser Reihe erschienen:
Kleine Abenteuer-Geschichten zum Vorlesen (ab 4)
Kleine Advents-Geschichten zum Vorlesen (ab 4)
Kleine Pony-Geschichten zum Vorlesen (ab 4)
Kleine Strand-Geschichten zum Vorlesen (ab 4)

Maja von Vogel wurde 1973 geboren und wuchs im Emsland auf. Sie studierte Deutsch und Französisch, lebte ein Jahr in Paris und arbeitete als Lektorin in einem Kinderbuchverlag. Heute lebt Maja von Vogel als Autorin und Übersetzerin in Göttingen.

Sven Leberer, geboren 1964 in Singen, studierte nach dem Abitur zuerst in Dortmund, dann in Aachen Grafikdesign mit dem Schwerpunkt Illustration. Nach dem Studium stürzte er sich in das Abenteuer des freiberuflich arbeitenden Kinderbuchillustrators. Er lebt mit seiner Frau, die ebenfalls erfolgreich als Kinderbuchillustratorin arbeitet, und drei Kindern in Altenberge.

Einband und farbige Illustrationen von Sven Leberer
Reproduktion: Die Litho, Hamburg
Druck und Bindung: Himmer AG, Augsburg
Printed in Germany 2008
ISBN 978-3-7707-4050-5

www.ellermann.de

Maja von Vogel · Sven Leberer

Kleine

Advents Geschichten

zum Vorlesen

ellermann

Nachts, wenn der Nikolaus kommt

»Hast du deinen Schuh rausgestellt?«, fragt Mama beim Abendbrot. »Heute kommt doch der Nikolaus.«
Anna nickt. Eigentlich glaubt sie ja nicht mehr an den Nikolaus. Schließlich ist sie kein Baby mehr. Und weil sie nicht mehr so richtig an ihn glaubt, hat sich Anna dieses Jahr etwas ausgedacht. Heute Nacht will sie mal den Nikolaus spielen. Damit Mama und Papa nicht immer leer ausgehen.
»Hast du denn schon deinen Schuh rausgestellt?«, fragt Anna. »Kann doch sein, dass der Nikolaus diesmal auch was für brave Eltern dabeihat.«
Mama lacht. »Meinst du? Na, da bin ich aber gespannt!«
Als Anna im Bett liegt, kann sie vor lauter Aufregung erst nicht einschlafen. Irgendwann fallen ihr doch die Augen zu, und sie träumt vom Nikolaus, der auf einem großen Schlitten angebraust kommt. Als er mit einem lauten Plumps vor Annas Fenster landet, wacht sie plötzlich auf.
Es ist erst halb sechs, und draußen ist es noch stockdunkel. Anna gähnt. So ein komischer Traum. Am liebsten würde sie unter der warmen Decke liegen bleiben und einfach weiterschlafen. Aber das geht nicht, schließlich ist sie heute der Nikolaus. Leise steigt sie aus dem Bett. Brrr, ist das kalt! Und so dunkel. Zum Glück steht genau vor Annas Fenster eine Straßenlaterne und wirft gelbliches Licht ins Zimmer. Schnell holt Anna die Geschenke unter ihrem Bett hervor. Mama bekommt den goldenen Stern, den Anna im Kindergarten gebastelt hat. Für Papa hat sie ein Bild vom Nikolaus und seinem Schlitten gemalt.

Vorsichtig öffnet Anna ihre Zimmertür und lugt in den Flur. Komisch – nachts sieht alles ganz anders aus. Dunkle Schatten huschen über die Wände, und der Wäscheschrank ragt in der Ecke empor wie ein riesiges Ungeheuer. Es ist ganz still. Da hört Anna plötzlich ein Rauschen. Als wenn ein großer Vogel mit den Flügeln schlägt. Oder ein Schlitten durch die Luft saust ...

Anna kriegt eine Gänsehaut, und ihr Herz klopft wie verrückt. Sie will gerade wieder in ihr Bett springen und sich die Decke über den Kopf ziehen, da fällt ihr etwas ein: Das war bestimmt nur die Heizung, die im Keller angesprungen ist. Jetzt hört Anna auch Papas Schnarchen aus dem Schlafzimmer. Das klingt genauso wie immer, und langsam beruhigt sich Annas Herzschlag wieder. Auf Zehenspitzen schleicht sie über den Flur zum

Elternschlafzimmer. Vor der Tür stehen Mamas schwarzer Turnschuh und Papas Hausschuh. Anna legt ihre Geschenke hinein und flitzt zurück in ihr Zimmer. Geschafft!
Zufrieden legt sich Anna ins Bett, als ihr plötzlich ein Gedanke kommt. War eigentlich schon etwas in ihrem Schuh? Vielleicht sollte sie schnell noch mal nachsehen ...
Aber da hört sie auf einmal ein Geräusch im Flur. Klingt wie Schritte. Schwere Schritte. Ist das Papa? Nein, der schnarcht immer noch im Schlafzimmer. Vielleicht ist Mama schon aufgestanden. Aber ihre Schritte klingen eigentlich ganz anders. Anna hält den Atem an und lauscht. Doch sie hört nichts mehr. Es ist wieder ganz still. Hat sie sich die Schritte nur eingebildet?
Müde kuschelt sich Anna unter ihre Bettdecke. Vielleicht ist es besser, wenn sie erst später, wenn es schon hell ist, in ihrem Schuh nachsieht. Denn nachts glaubt Anna doch noch ein bisschen an den Nikolaus.

Zimtsterne und Lampenfieber

Ben ist aufgeregt. Heute ist die Weihnachtsfeier im Kindergarten. Die Tische sind mit Kerzen, Nüssen und Tannenzweigen geschmückt. Alle Eltern sind eingeladen, und jedes Kind führt etwas vor. Bens Freundin Sophie spielt Flöte, Moritz und Tom singen ein Weihnachtslied, und Ben soll ein Gedicht aufsagen. Er hat es die ganze Woche geübt, zusammen mit Sophie.
»Stell schon mal die Zimtsterne hin«, sagt Elke, die Erzieherin, zu ihm. »Gleich müssten die ersten Eltern kommen.«
Elke zündet die Teelichter an, und Ben verteilt die Teller mit den Keksen. Eigentlich sind Zimtsterne seine Lieblingskekse, aber heute hat er überhaupt keinen Hunger. Sein Magen fühlt sich an wie ein schwerer Stein. Was, wenn ihm nachher das Gedicht nicht mehr einfällt? Zur Sicherheit murmelt er es im Eiltempo noch einmal vor sich hin.

»Du schaffst das schon«, sagt Sophie. »Aber ich verspiel mich bestimmt. Drückst du mir die Daumen?«
Ben nickt. »Na klar!«
Da geht die Tür auf, und die Eltern kommen herein. Elke macht das Licht aus, sodass nur noch die Kerzen auf den Tischen brennen. Das sieht richtig gemütlich aus. Ben winkt seinen Eltern zu und setzt sich neben Sophie in die erste Reihe. Jetzt kann die Vorstellung beginnen. Ben ist froh, dass er nicht als Erster dran ist.

»Zur Einstimmung spielt uns Sophie ein Weihnachtslied vor«, sagt Elke, und alle klatschen.
Sophie geht mit ihrer Flöte nach vorne. Ben drückt ganz fest beide Daumen. Sophie sieht etwas blass aus, aber sie verspielt sich bei *Alle Jahre wieder* nur ein einziges Mal. Strahlend nimmt sie den Applaus entgegen und hüpft zu ihrem Platz zurück. Ben seufzt. Sophie hat's gut, sie hat ihren Auftritt schon hinter sich.
Als Nächstes singen Moritz und Tom *Oh Tannenbaum*, und plötzlich sagt Elke: »Jetzt hören wir ein Weihnachtsgedicht von Ben.«
Ben springt auf. Ist er etwa schon dran? Das ging aber schnell.
Mit zitternden Knien geht er nach vorne. Sein Mund ist ganz trocken, und ihm ist heiß. Bestimmt kriegt er gleich keinen Ton heraus.
Ben schaut zu seinen Eltern hinüber. Mama lächelt ihm zu, und Papa hält den Daumen nach oben.
Ben atmet tief durch und legt los:

»Holler, boller, Rumpelsack,
Niklaus trug sie huckepack,
Weihnachtsnüsse, gelb und braun,
runzlig, punzlig anzuschaun.
Knackt die Schale, springt der Kern ...«

Ben stockt. Mist, wie geht es weiter? Eben hat er es doch noch gewusst! Ben überlegt, aber sein Kopf ist wie leer gefegt. Es ist ganz still, und alle sehen ihn erwartungsvoll an. Ben würde am liebsten einfach hinauslaufen, aber er kann sich nicht bewegen. Seine Beine sind am Boden festgewachsen. Da merkt Ben, dass Sophie ihm zuwinkt. Er schaut zu ihr hinüber und sieht, wie sie sich eine Nuss in den Mund steckt.
Plötzlich weiß Ben wieder, wie das Gedicht weitergeht. Schnell ruft er:

»Knackt die Schale, springt der Kern,
Weihnachtsnüsse ess ich gern.
Komm bald wieder in dies Haus,
guter, alter Nikolaus.«

Alle klatschen, und Ben verbeugt sich. Er fühlt sich so leicht, dass er fast zu seinem Platz schwebt.
»War doch prima«, sagt Sophie und drückt Ben einen Keks in die Hand. »Hier, iss erst mal was.«
»Danke«, sagt Ben und steckt sich den Zimtstern in den Mund.
Danach nimmt er sich gleich noch einen. So gut hat es ihm schon lange nicht mehr geschmeckt.

Eins, zwei, drei – ich komme!

Lisa und Paul spielen Verstecken.
»Eins, zwei, drei, ...«, zählt Paul.
Lisa läuft von einem Zimmer ins andere. Wo soll sie sich verstecken? In der Badewanne? Nein, das ist zu einfach. Im Kleiderschrank? Da ist es zu eng.
»... neun, zehn – ich komme!«, ruft Paul.
Schnell krabbelt Lisa unter das große Bett im Schlafzimmer. Sie zieht die Überdecke ein Stück nach unten, damit Paul sie nicht gleich sieht.
Paul rennt hin und her. »Mäuschen, sag mal piep!«, ruft er.
Aber Lisa ist mucksmäuschenstill. Paul soll ruhig ein bisschen suchen. Sie kriecht noch weiter unter das Bett. Hier ist es ganz schön dunkel. Staubflocken tanzen vor ihrer Nase herum. Plötzlich stößt sie mit dem Ellenbogen gegen etwas Hartes. Was ist denn das? Neben Lisa liegt ein Paket. Es ist groß und in Weihnachtspapier eingepackt. Mit lauter lachenden Nikoläusen drauf.
Lisa starrt das Paket an. Was da wohl drin ist? Sie hat sich zu Weihnachten einen Kaufmannsladen gewünscht. Mit richtiger Kasse. Ob ein Kaufmanns-

laden in so ein Paket passt? Vielleicht wenn man ihn auseinander baut. Ob sie mal nachschauen soll? Nur ganz kurz. Sie müsste bloß den Tesafilm an der Seite abknibbeln. Das würde kein Mensch merken. Ist schließlich nicht ihre Schuld, wenn der Weihnachtsmann seine Geschenke nicht besser versteckt! Lisas Finger zucken. Sie ist so neugierig, dass es sie am ganzen Körper kribbelt.

Da wird plötzlich die Überdecke zur Seite gezogen.
»Hab dich!«, ruft Paul.
Schnell zieht Lisa ihre Hand von dem Paket zurück und kriecht unter dem Bett hervor. »Mann, konntest du mich nicht fünf Minuten später finden?«, schimpft sie.
»Wieso?«, fragt Paul.
Lisa zuckt mit den Schultern. »Ach, nur so.«
Sie erzählt Paul lieber nichts von dem Paket, das ist ihr Geheimnis. Blöd, dass sie jetzt gar nicht weiß, was drin ist. Doch Lisa ist auch ein bisschen erleichtert. Wer weiß, was passiert wäre, wenn sie das Paket ausgepackt hätte. Vielleicht hätte es sich einfach in Luft aufgelöst. Denn eigentlich darf man seine Weihnachtsgeschenke ja nicht vor Heiligabend sehen.
Da kommt Mama ins Schlafzimmer.
»Was macht ihr denn hier?«, fragt sie. »Raus mit euch! Gleich gibt's Abendbrot.«
Beim Abendbrot muss Lisa immer wieder an das Paket denken. Sie würde so gern wissen, was unter dem Nikolauspapier versteckt ist. Ob sie nicht doch nachschauen soll?
Nach dem Essen hält Lisa es nicht mehr aus und flitzt ins Schlafzimmer. Vor Aufregung klopft ihr das Herz bis zum Hals. Sie atmet tief ein und

taucht unter das Bett. Dann tastet sie nach dem Paket und findet – nichts. Nur die Staubflocken sind noch da, das Paket ist verschwunden.
Lisa kann es kaum glauben. Hat sich das Paket tatsächlich in Luft aufgelöst? Aber sie hat doch noch gar nicht reingeschaut!
Später, als Mama ihr Gute Nacht sagt, fragt Lisa: »Glaubst du, der Weihnachtsmann lässt Geschenke manchmal einfach verschwinden?«
Mama überlegt. »Nein, das glaube ich nicht. Aber vielleicht versteckt er sie woanders, damit neugierige Kinder sie nicht so leicht finden.«
»Ach so«, sagt Lisa. »Das ist aber schlau vom Weihnachtsmann.«
Dann macht sie die Augen zu. Nachts träumt Lisa von vielen Paketen, die sie alle nacheinander auspackt. Und in jedem ist ein nagelneuer Kaufmannsladen. Mit echter Kasse.

Noch drei Tage bis Weihnachten

»Wie lange dauert es noch bis Weihnachten?«, fragt Jan beim Frühstück.

Papa seufzt. »Noch genau so lange wie vor einer halben Stunde, als du das letzte Mal gefragt hast: drei Tage.«

»Manno«, mault Jan. »Das dauert mir viel zu lange. Ich will, dass jetzt schon Weihnachten ist.«

»Das geht nicht«, sagt Mama. »Heiligabend ist jedes Jahr am 24. Dezember.«

Jan schiebt die Unterlippe vor. »So was Blödes. Können wir nicht trotzdem heute schon Weihnachten feiern?«

»Nein«, sagt Papa.

»Warum denn nicht?«, nörgelt Jan.

Papa wirft Jan einen genervten Blick zu. »Weil heute der vierte Advent ist. Und erst in drei Tagen Heiligabend. So lange musst du noch warten.«

Jan stampft mit dem Fuß auf. »Ich will aber nicht mehr warten!«

Mama zwinkert Papa zu und sagt: »Na ja, vielleicht lässt sich da doch was machen.«

»Ehrlich?«, ruft Jan. »Was denn?«

»Wir könnten Weihnachten dieses Jahr ausnahmsweise um drei Tage vorverlegen«, überlegt Mama. »Dann haben wir's hinter uns und müssen uns dein Genörgel nicht mehr anhören.«

Papa nickt. »Keine schlechte Idee.«
»Echt?« Jan macht einen Luftsprung vor Freude. »Super! Wann fangen wir an?«
Mama zuckt mit den Schultern. »Von mir aus sofort. Ich hab heute sowieso nichts mehr vor.«
»Aber wir brauchen doch einen Weihnachtsbaum. Wo sollen denn sonst die Geschenke liegen?«, fragt Jan. »Und was ist mit dem Weihnachtsessen? Gibt's etwa keine rote Grütze?«
Rote Grütze mit Sahne ist nämlich Jans Lieblingsgericht.
Mama runzelt die Stirn. »Ach ja, richtig. Ich fürchte, auf die rote Grütze müssen wir verzichten. Die kriege ich so schnell nicht mehr hin. Aber im Kühlschrank ist noch etwas Wackelpudding. Der ist auch rot, das sieht fast genauso aus.«
»Den Weihnachtsbaum wollte ich erst morgen holen«, sagt Papa. »Aber vielleicht können wir ein paar Kugeln an die große Topfpflanze im Wohnzimmer hängen.«

Mama nickt. »Gute Idee. Die verliert auch nicht ständig Nadeln wie der Weihnachtsbaum. Und Geschenke gibt es sowieso nicht, also brauchen wir auch keinen Baum zum Päckchen-Drunterlegen.«
Jan traut seinen Ohren kaum. »Waaas? Es gibt keine Geschenke?«
»Natürlich nicht«, sagt Mama. »Schließlich kommt der Weihnachtsmann erst am 24. Dezember. Oder glaubst du, er dreht für dich eine Extrarunde?«
»Sei nicht traurig«, tröstet ihn Papa. »Du hast trotzdem etwas zum Auspacken: Das Päckchen von Tante Hilde ist gestern schon angekommen.«
Jan schnaubt verächtlich. Tante Hilde schickt jedes Jahr ein paar Socken. Total langweilig.
Mama reibt sich zufrieden die Hände. »Ich finde Jans Idee Klasse. Dann können wir am 24. endlich mal einen gemütlichen Fernsehabend machen.«
Jan sieht Mama ungläubig an. Sie sollen Heiligabend fernsehen? Wenn alle anderen Kerzen anzünden, um den Weihnachtsbaum sitzen und Geschenke auspacken? So hat Jan sich das nicht vorgestellt.
»Mir ist gerade was eingefallen«, sagt er und springt auf. »Ich hab heute gar keine Zeit für Weihnachten. Ich muss noch das Bild für Oma zu Ende malen.«
Papa macht ein enttäuschtes Gesicht. »Wie schade. Ich hatte mich schon so auf Weihnachten gefreut.«
Jan zuckt mit den Schultern. »Tja, dann musst du eben noch etwas warten. Sind doch bloß noch drei Tage!«

Scherben bringen Glück

Morgen ist Weihnachten. Jule freut sich so sehr, dass sie keine Minute stillsitzen kann. Erst tanzt sie um den Esstisch, dann um den Adventskranz und schließlich um Mama herum.
»Hilfst du mir, den Weihnachtsbaumschmuck zu sortieren?«, fragt Mama, die gerade mit einer großen Kiste aus dem Keller kommt.
»Ja, klar!«, ruft Jule und hüpft ins Wohnzimmer.
Mama macht die Kiste auf, und Jule staunt. Was da alles drin ist! Kugeln aus Silber und Gold, Engel, Strohsterne und bunte Holzfiguren.
»Schau mal«, sagt Mama und wickelt ein kleines Päckchen aus. »Das ist die schönste Weihnachtskugel von allen – und die älteste.«
Mama hält die Kugel gegen das Licht. Die Kugel ist aus Glas, und auf ihrer Oberfläche funkeln viele kleine Sterne. Sie sehen aus wie wirbelnde Schneeflocken.
»Die ist aber schön«, sagt Jule.
»Die Kugel ist von Oma«, erzählt Mama. »Sie hat schon an unserem Weihnachtsbaum gehangen, als ich so alt war wie du.«
Jule muss die Kugel immer wieder anschauen. Als Mama und Papa später im Keller nach dem Weihnachtsbaumständer suchen, geht Jule noch mal ins Wohnzimmer.

Die Kugel liegt auf dem Tisch und glänzt geheimnisvoll. Die Schneeflocken glitzern, als wären sie lebendig. Jule nimmt die Kugel in die Hand und haucht gegen das Glas. »Schneeflocken im Nebel«, sagt sie. »Wie schön!«

Aber plötzlich rutscht ihr die Kugel aus der Hand und fällt zu Boden. Es macht »Klirr«, und das Glas zerspringt in tausend Scherben. Jule ist starr vor Schreck. Sie kneift die Augen zusammen und murmelt: »Die Kugel ist nicht kaputt, die Kugel ist nicht kaputt, die Kugel ist nicht kaputt!«
Dann macht sie die Augen wieder auf – aber die Scherben liegen immer noch da.
Plötzlich hört sie Schritte auf der Kellertreppe.
Mama und Papa!
Schnell flitzt Jule in ihr Zimmer. Ihre Augen brennen. Sie hat Mamas Lieblingskugel kaputtgemacht! Die schöne Schneeflockenkugel! Mama ist bestimmt traurig, wenn sie die Scherben sieht. Vielleicht wird sie sogar böse und schimpft. Ob Jule ihr sagen soll, dass sie es war? Lieber nicht. Schließlich könnte die Kugel auch von alleine vom Tisch gerollt sein, oder?
Die Tür geht auf, und Mama kommt ins Zimmer.
»Die Glaskugel von Oma ist kaputt«, sagt sie. »Weißt du, wie das passiert ist?«

Jule schluckt. Sie hat einen dicken Kloß im Hals. Sie starrt auf den Fußboden und schüttelt den Kopf.

Mama setzt sich neben Jule aufs Bett. »Schade um die schöne Kugel«, sagt sie. »Aber manchmal gehen Sachen eben kaputt. Das ist nicht so schlimm. Schlimm ist nur, wenn man etwas kaputtmacht und es hinterher nicht sagt.«

Jule blinzelt vorsichtig zu Mama hinüber. Böse sieht sie eigentlich nicht aus. Höchstens ein bisschen traurig. Vielleicht schimpft sie ja gar nicht, wenn Jule ihr die Wahrheit sagt.

Jule holt tief Luft. »Ich wollte mir die Kugel bloß anschauen«, sagt sie leise. »Da ist sie einfach runtergefallen. Bist du jetzt böse?«

Mama schüttelt den Kopf und legt den Arm um Jule. »Nein. Jedem kann mal etwas kaputtgehen. Und Oma hat immer gesagt: ›Scherben bringen Glück.‹ Komm, wir fegen die Scherben weg, und dann backen wir Weihnachtskekse.«

»Au ja!«, ruft Jule. Für eine Weile hatte sie ganz vergessen, dass morgen Weihnachten ist. Aber jetzt weiß sie es wieder.
Sie springt auf und tanzt in die Küche.

Der falsche Weihnachtsmann

»Komm, wir gehen noch über den Weihnachtsmarkt«, sagt Papa zu Felix, als sie mit dem Einkaufen fertig sind.
»Krieg ich eine Waffel?«, fragt Felix.
Papa nickt. Aber dann trifft er Onkel Bernd vor dem Glühweinstand. Die beiden reden und reden und reden.
Bis es Felix zu langweilig wird. Er zupft Papa am Ärmel. »Ich schau mir mal den Weihnachtsbaum an.«
»In Ordnung«, sagt Papa. »Aber lauf nicht zu weit weg.«
Der Weihnachtsbaum steht neben dem Rathaus. Felix legt den Kopf in den Nacken. Ist der riesig!
Da entdeckt Felix plötzlich den Weihnachtsmann hinter dem Baum. Er hat seinen weißen Bart heruntergezogen und raucht eine Zigarette.
»Rauchen ist ungesund«, sagt Felix streng. »Das solltest du eigentlich wissen.«
Der Weihnachtsmann verzieht das Gesicht. »Stimmt, ich sollte endlich damit aufhören.«

Dann sieht er Felix prüfend an. »Was machst du denn hier so ganz alleine? Hast du deine Eltern verloren?«
Felix schüttelt den Kopf. »Nein, mein Papa steht da hinten.« Er zeigt in Richtung Glühweinstand, aber da ist Papa nicht mehr.
Der Weihnachtsmann kratzt sich am Kopf. Dabei verrutscht seine Perücke mit den langen, weißen Haaren. »Ich glaube, du hast deine Eltern doch verloren. Komm, ich helf dir suchen.«
Der Weihnachtsmann streckt Felix die Hand hin, aber Felix verschränkt seine Arme vor der Brust.
»Auf keinen Fall«, sagt er. »Ich darf nicht mit Fremden mitgehen.«
»Aha«, sagt der Weihnachtsmann. »Aber ich will dir doch nur helfen. Außerdem bin ich gar kein Fremder, sondern der Weihnachtsmann.«
Felix sieht den Weihnachtsmann misstrauisch an. »Ich glaube, du bist gar nicht echt. Der echte Weihnachtsmann raucht nicht. Und er hat keinen falschen Bart und keine Perücke.«
Der Weihnachtsmann seufzt. »Okay, du hast Recht. Ich mach das hier nur als Nebenjob. Der echte Weihnachtsmann kann schließlich nicht überall gleichzeitig sein.« Er schaut auf die Uhr. »Hör mal, ich muss jetzt weiterarbeiten. Aber ich hab eine Idee, wie wir deinen Vater doch noch finden können. Du bleibst hier stehen, bis ich dir zuwinke, okay?«
Felix nickt. Der falsche Weihnachtsmann wirft seinen Sack über die Schulter und stapft die Rathaustreppe hinauf. Als er oben angekommen ist, ruft er laut: »Achtung, Achtung, eine wichtige Durchsage!« Plötzlich wird es ganz still zwischen den Buden. Alle schauen zum Weihnachtsmann hinauf.
»Mein neuer Gehilfe hat seinen Vater verloren«, sagt der falsche Weihnachtsmann und winkt Felix zu sich auf die Rathaustreppe. »Falls der hier

irgendwo ist, soll er ihn bitte abholen. Und außerdem hab ich noch eine Frage: Sind hier irgendwo Kinder, die Geschenke haben wollen?«
Sofort bildet sich eine lange Schlange. Felix und der Weihnachtsmann haben alle Hände voll zu tun. Als Letzter steht Papa in der Schlange.
»Hallo, Papa!«, ruft Felix. »Du hast Pech, jetzt sind keine Geschenke mehr da.«
»Macht nichts«, sagt Papa. »Dafür habe ich ja dich wiedergefunden. Gut, dass der Weihnachtsmann auf dich aufgepasst hat. Und jetzt gehen wir endlich Waffeln essen!«
»Prima!«, ruft Felix.
Bevor er dem Weihnachtsmann zum Abschied zuwinkt, flüstert er ihm noch ins Ohr: »Keine Angst, ich verrate keinem, dass du nicht der echte Weihnachtsmann bist.«
Und dann macht er sich mit Papa auf den Weg zur nächsten Waffelbude.

Autoquartett ist gar nicht so langweilig

Heute wird im Kindergarten gewichtelt. Alle Kinder haben kleine Geschenke mitgebracht. Silke, die Erzieherin, hat die Päckchen in einen großen Sack gesteckt. Und nun darf jedes Kind etwas aus dem Sack ziehen.
»Jetzt bist du an der Reihe, Lena«, sagt Silke.
Lena steckt ihre Hand in den Sack und betastet die Geschenke. Es sind große und kleine dabei. Eins ist ganz rund, das ist bestimmt ein Ball. Ihre Finger schließen sich um ein flaches, rechteckiges Päckchen. Was da wohl drin ist? Vielleicht Schokolade. Oder Marzipan. Lena läuft das Wasser im Mund zusammen. Schnell zieht sie das Geschenk aus dem Sack und packt es aus.
»Was hast du gekriegt?«, fragt Lenas Freundin Meike und beugt sich zu ihr hinüber.
Lena macht ein enttäuschtes Gesicht. »Ein Autoquartett.«
»Oh nein«, sagt Meike. »Ausgerechnet so was Langweiliges. Das hat bestimmt einer von den Jungs in den Sack getan.«

Lena nickt. »Typisch. Jungs verschenken immer so blöde Sachen. Guck mal, die Karten sind ganz abgenutzt und haben lauter Eselsohren.«
»Wahrscheinlich lag das Quartett schon im Müll«, sagt Meike. »Und dann hat einer von den Jungs es wieder rausgeholt, weil ihm kein anderes Wichtelgeschenk eingefallen ist. Das ist echt gemein.«
Da kommt Jonas auf Lena zu. »He, ist das ein Autoquartett?«, fragt er.
»Das geht dich gar nichts an«, antwortet Lena schnippisch. Sie mag Jonas nicht besonders, weil er immer so furchtbar angibt.
»Vielleicht ja doch«, sagt Jonas und setzt sich neben Lena. »Wollen wir eine Runde spielen? Autoquartett ist Klasse.«
Lena schüttelt den Kopf. »Keine Lust.«
Jonas zuckt mit den Schultern. »Dann eben nicht. Du hättest sowieso verloren. Ich gewinne nämlich immer beim Quartett.«
»So ein Quatsch«, sagt Lena und sieht Jonas böse an. »Du hältst dich wohl für ganz toll, was? Aber so gut wie du bin ich schon lange.«
Schnell teilt Lena die Karten aus. Dem Angeber wird sie es zeigen! Die erste Runde gewinnt Jonas. Die zweite Lena. Die dritte wieder Jonas, aber nur ganz knapp. Er ist wirklich ziemlich gut.

Da ruft Silke: »Zeit für den Stuhlkreis! Kommt ihr bitte alle rüber zu mir?«
»Schade«, sagt Lena und packt die Karten zusammen. »Ich hätte bestimmt noch mal gewonnen. Ich wusste gar nicht, dass Autoquartett so viel Spaß macht. Sag mal, warum kennst du eigentlich alle Karten auswendig?«
»Ach, nur so«, druckst Jonas herum. »Ist eben mein Lieblingsspiel.«
Lena betrachtet die Karten in ihrer Hand, dann schaut sie zu Jonas. »Ist das vielleicht dein Autoquartett?«
Jonas schüttelt den Kopf. »Jetzt nicht mehr. Aber ich bin froh, dass du es bekommen hast. Für ein Mädchen bist du gar nicht so schlecht. Wollen wir nachher weiterspielen?«
Lena nickt. »Okay«, sagt sie.
Eigentlich ist Jonas doch ganz nett. Auch wenn er manchmal so ein Angeber ist. Aber sein Lieblingsspiel hätte bestimmt nicht jeder verschenkt.
Lena steckt das Autoquartett in ihre Tasche.
Jetzt freut sie sich doch über ihr Wichtelgeschenk.

Wo ist das Jesuskind?

»Heute stellen wir die Krippe auf«, sagt Mama am ersten Advent.
Lukas freut sich. Er mag die Krippe und die vielen bunten Holzfiguren. Mit den Tieren, den Hirten und den Heiligen Drei Königen kann man prima spielen. Aber am liebsten mag Lukas das Jesuskind. Es ist ziemlich klein und hat eine weiße Stoffwindel um. Schade nur, dass es die ganze Zeit schläft. Wenn es die Augen mal aufmachen würde, könnte es die Tiere im Stall sehen – und natürlich die Geschenke von den Heiligen Drei Königen. Das würde ihm bestimmt gefallen.
Papa holt die Kiste mit der Krippe vom Dachboden, und Lukas packt die Figuren aus. Da sind der Ochse und die Kuh, die Schafe und der Engel. Als Nächstes findet Lukas Maria und Josef zwischen dem Zeitungspapier. Ganz unten in der Kiste liegen die Hirten und die Heiligen Drei Könige.
Mama baut die Figuren in der Krippe auf. »Prima«, sagt sie. »Jetzt fehlt nur noch das Jesuskind.«

Lukas durchwühlt das Zeitungspapier in der Kiste, aber er kann das Jesuskind nicht finden.

»Es ist bestimmt runtergefallen«, sagt Papa. »So eine kleine Figur übersieht man leicht. Passt auf, dass ihr nicht aus Versehen drauftretet.«

Mama, Papa und Lukas krabbeln auf allen vieren auf dem Boden herum. Sie suchen den ganzen Teppich ab – nichts. Lukas kriecht unter den Tisch, schaut hinter das Regal und unter das Sofa. Aber das Jesuskind bleibt verschwunden.

»Vielleicht kann Bodo es ja finden«, sagt Lukas und kniet sich vor den Hundekorb. »Such, Bodo, such!«

Aber Bodo hat keine Lust. Er ist gerade mit etwas anderem beschäftigt. Er knabbert an einer kleinen Holzfigur.

»Oh nein!«, ruft Lukas. »Bodo frisst das Jesuskind!«

»Aus, Bodo!«, sagt Papa streng und rettet das Jesuskind aus Bodos Maul. Es hat keine Nase mehr, und die aufgemalten Augen hat Bodo mit seiner rauen Zunge weggeschleckt.

Außerdem fehlt die winzige Stoffwindel.

»Armer, kleiner Jesus«, sagt Lukas und wischt Bodos Spucke von der Holzfigur.

»Sei nicht traurig«, sagt Mama. »Wir kaufen ein neues Jesuskind.«
»Was?«, ruft Lukas. »Das geht doch nicht!« Er zeigt auf die Figur in seiner Hand. »Das hier ist unser Jesuskind. Auch wenn es keine Nase mehr hat. Wir können es doch nicht einfach so austauschen!«
Mama überlegt. »Eigentlich hast du Recht. Dann malen wir dem Jesuskind eben ein neues Gesicht.«
»Genau!«, ruft Lukas. »Wir malen ihm ein viel schöneres Gesicht als vorher.«
Er läuft in sein Zimmer und holt Stifte, Klebstoff, eine Schere und ein Taschentuch. Mama zerschneidet das Taschentuch, faltet daraus eine neue Windel und legt sie dem Jesuskind um. Dann ist Lukas an der Reihe. Er nimmt den roten Stift in die Hand und malt dem Jesuskind einen breiten, lachenden Mund. Außerdem bekommt es noch eine kleine Stupsnase und neugierige, blaue Augen, die weit geöffnet sind.
»Prima«, sagt Mama. »So sieht das Jesuskind doch gleich viel fröhlicher aus.«
»Stimmt«, sagt Lukas zufrieden und legt das Jesuskind in die Krippe.
»Es lacht, weil es sich endlich alles anschauen kann. Wurde auch Zeit, dass es aufwacht. Schließlich hat es lange genug geschlafen.«

Der Adventskalenderdieb

Am ersten Dezember läuft Lara morgens gleich in die Küche zu ihrem Adventskalender. Endlich darf sie das erste Fenster öffnen! Aber was ist das? Lara stutzt. Irgendjemand hat das Fenster schon aufgemacht – und die Schokolade geklaut!

»So eine Unverschämtheit!«, schimpft Lara.

Da kommt Max, Laras großer Bruder, in die Küche. Ob Max der Schokodieb ist? Er isst für sein Leben gern Schokolade.

»Hast du die Schokolade aus meinem Adventskalender genommen?«, fragt Lara.

Max sieht sie entrüstet an. »Ich? Du spinnst wohl!« Dann flüstert er geheimnisvoll: »Das waren bestimmt die Weihnachtszwerge. Die laufen nachts durchs Haus und klauen Süßigkeiten. In meinem Zimmer haben sie eine halbe Tüte Marzipankartoffeln leer gefuttert.«

»Quatsch«, sagt Lara. »Die hast du bestimmt selbst gegessen.«

Aber ganz sicher ist sie sich nicht.

Und wenn es nun wirklich die Weihnachtszwerge waren? Das muss Lara unbedingt herausfinden!

Abends stellt sie den Adventskalender auf ihren Schreibtisch neben ihrem Bett. So, jetzt können die Weihnachtszwerge kommen!

Eigentlich will Lara die ganze Nacht wach bleiben und aufpassen, aber irgendwann fallen ihr einfach die Augen zu.
Mitten in der Nacht wacht Lara plötzlich auf. Was war das für ein Geräusch? Sie hält den Atem an und lauscht. Etwas krispelt und kraspelt an ihrer Zimmertür, und die Tür geht langsam auf. Lara bleibt ganz still liegen. Ob das nun die Weihnachtszwerge sind, die da hereinspaziert kommen? Aber dann sieht Lara zwei große Füße, die sich auf Zehenspitzen in ihr Zimmer schleichen. Das ist eindeutig kein Weihnachtszwerg! Lara streckt den Arm aus und schaltet die Nachttischlampe ein. Plötzlich ist das Zimmer hell erleuchtet.
Neben dem Schreibtisch steht Max und hält ihren Adventskalender in der Hand. Lara ist fast ein bisschen enttäuscht. Sie hätte viel lieber ein paar niedliche Weihnachtszwerge beim Schokoladeklauen erwischt. »Stell sofort meinen Adventskalender wieder hin«, sagt sie streng.
Max gehorcht. »Mann, hast du mir einen Schreck eingejagt«, murmelt er und macht dabei so ein dummes Gesicht, dass Lara kichern muss.

Aber dann schaut sie Max wieder streng an. »Du bist der Schokodieb! Und das mit den Weihnachtszwergen hast du dir nur ausgedacht.«
Max nickt widerstrebend. »Stimmt. Aber ich hatte so einen Hunger auf Schokolade ...«
Er sieht richtig geknickt aus. Jetzt tut er Lara fast ein bisschen Leid.
»Na ja, ist ja nicht so schlimm«, sagt sie. »Hauptsache, du lässt meinen Adventskalender jetzt in Ruhe. Und meinen Nikolausschuh auch!«
»Klar«, sagt Max. »Kannst dich drauf verlassen.«
Dann verschwindet er schnell wieder in sein Zimmer.
Am nächsten Morgen findet Lara eine Hand voll Marzipankartoffeln neben ihrem Adventskalender. Lara wundert sich. Wo die wohl plötzlich herkommen?
»Sind die Marzipankartoffeln von dir?«, fragt sie Max beim Frühstück.
Max grinst. »Nö. Die sind von den Weihnachtszwergen. Manchmal klauen sie nämlich nicht nur Süßigkeiten, sondern verschenken auch welche.«

Fußballplätzchen

Till hustet schon den ganzen Tag.
»Heute gehst du besser nicht zum Fußballtraining«, sagt Mama. »Du bist zu erkältet.«
»Was?«, ruft Till. »Aber ich soll doch diesmal im Tor stehen!«
»Nächste Woche kannst du bestimmt auch noch im Tor stehen«, tröstet ihn Mama.
»Ich will aber nicht bis nächste Woche warten«, sagt Till.
»Wir könnten ja heute Nachmittag Plätzchen backen«, schlägt Mama vor.
Till verzieht das Gesicht. »Keine Lust. Das ist mir viel zu langweilig. Immer nur blöde Sterne und Tannenbäume.«
»Du kannst ja ein paar Fußballspieler backen«, sagt Mama. »Oder Fußbälle.«
»Ehrlich?«, fragt Till und sieht Mama misstrauisch an. »Geht das?«
Mama nickt. »Klar. Aber erst müssen wir den Teig machen. Komm mit, du kannst mir helfen.«

Mama und Till gehen in die Küche. Till darf das Mehl in den Messbecher schütten und es dann auf den Tisch kippen. Wie das staubt! Till lacht. Jetzt ist sein Pullover ganz weiß. »Nun machst du in die Mitte vom Mehlberg ein Loch«, sagt Mama.

In das Loch schüttet Mama Zucker und gibt noch Eier und Butter dazu. Dann verknetet sie den Teig.

»Darf ich auch mal kneten?«, fragt Till.

Mama nickt. »Streu dir aber erst etwas Mehl auf die Hände, damit der Teig nicht kleben bleibt.«

Till reibt seine Hände gründlich mit Mehl ein und fängt an zu kneten. Erst ist der Teig noch etwas klebrig, aber dann wird er immer fester. Das macht Spaß! Till knetet und knetet.

»Jetzt ist der Teig fertig«, sagt Mama.

»Puh!«, stöhnt Till und schüttelt seine Hände aus. »Backen ist ganz schön anstrengend.«

Mama rollt den Teig aus und gibt Till ein Glas und einen Eierbecher. »Hier, damit kannst du große und kleine Fußbälle ausstechen.«

Till legt sofort los.

»Jetzt fehlen nur noch die Fußballspieler«, sagt er nach einer Weile.

Mama überlegt. Dann holt sie ein Backförmchen, mit dem man Weihnachtsmänner ausstechen kann. »Wir schneiden einfach die Mütze ab, dann sieht man nicht mehr, dass es ein Weihnachtsmann ist«, erklärt sie Till.

Till sticht die Weihnachtsmänner aus, und Mama schneidet vorsichtig die Mützen ab. Dann verteilt sie die Kekse auf einem Backblech.
»Sieht doch prima aus«, sagt sie. »So, und jetzt ab in den Ofen damit.«
Till isst den restlichen Teig auf. Dann setzt er sich vor den Ofen und schaut den Plätzchen beim Backen zu. Erst sind sie noch ganz hell und dünn, dann werden sie langsam immer dicker und immer dunkler.
»Wann sind die Kekse denn endlich fertig?«, fragt er ungeduldig.
»Gleich«, sagt Mama.
Fünf Minuten später holt sie die Kekse aus dem Ofen. Ein paar von den Spielern sind etwas zerlaufen, aber die Fußbälle sind alle kreisrund.
»Mann, die Bälle sind ja richtig groß geworden«, sagt Till.
Mama rührt Zuckerguss und Schokoglasur an. »Jetzt können wir sie noch anmalen, dann sehen sie richtig echt aus.«
Till malt schwarz-weiße Muster auf die Bälle. Die Fußballspieler bekommen schwarze Hosen und weiße Hemden.
»Super, jetzt hab ich meine eigene Fußballmannschaft«, sagt Till stolz.
Mama nickt. »Fehlt nur noch der Torwart.«
»Der Torwart bin natürlich ich«, stellt Till fest.
Dann beißt er zufrieden in einen schwarz-weißen Fußball.

Sara, die Schneeballkönigin

Als Sara vom Kindergarten nach Hause kommt, hat sie schlechte Laune. Sie knallt die Haustür zu, zieht ihre Jacke aus und pfeffert sie in eine Ecke.
Dann setzt sie sich an den Küchentisch und seufzt.
»Was ist denn los?«, fragt Mama.
»Hast du einen schlechten Tag gehabt?«
Sara nickt. »Heute sind nur doofe Sachen passiert.«
Mama setzt sich Sara gegenüber an den Tisch. »Was denn für Sachen?«
»Morgens wollte ich mein Lieblingsbilderbuch anschauen, aber das hatte Lisa schon. Dann haben wir Fensterbilder gebastelt, und auf meinem ist der ganze Klebstoff ausgelaufen. Und mittags gab es auch noch Spinat«, zählt Sara auf und zieht eine Grimasse.
»Ach du je, das hört sich wirklich nicht gut an«, sagt Mama. »Aber es ist doch bestimmt auch etwas Schönes passiert, oder?«
Sara schüttelt den Kopf.
»Bist du sicher?«, fragt Mama. »Vielleicht hast du es bloß vergessen.«
»Nein«, sagt Sara bestimmt. »Heute ist eben einfach ein richtig blöder Tag.«
Da kommt Papa nach Hause. »Seht mal nach draußen«, ruft er. »Es schneit!«

»Wie schön«, sagt Mama und läuft zum Küchenfenster. »Der erste Schnee in diesem Winter! Pünktlich zu Weihnachten.«

Papa lässt seinen Mantel gleich an. »Komm mit, Sara! Wir machen eine Schneeballschlacht.«

»Na gut«, sagt Sara und schlurft in den Flur, um ihre Jacke zu holen. Eigentlich spielt sie gerne im Schnee, aber heute hat sie irgendwie keine Lust. Ganz langsam zieht sie ihre Jacke an, setzt die Mütze auf und sucht ihre Handschuhe.

Als Sara in den Garten kommt, ist der Rasen schon mit einer dünnen Schneeschicht bedeckt. Der Schnee leuchtet strahlend weiß in der Dämmerung. Sara legt den Kopf in den Nacken. Aus dem dunklen Himmel wirbeln ihr tausendundeine Schneeflocke entgegen. Sie fallen leise auf ihre Wimpern, ihre Wangen und ihre Lippen. Dort lösen sie sich im Handumdrehen auf – genauso wie Saras schlechte Laune.

Plötzlich fällt ihr ein, dass Oliver ihr heute einen Lutscher geschenkt hat. Einen mit Zitronengeschmack, die mag Sara am liebsten. Und Lisa hat sie zu ihrem Geburtstag nächste Woche eingeladen. Außerdem hat Frau Lüders ihr Bild von Maria und Josef gelobt und es im Gruppenraum an die Wand gehängt. Komisch, das hatte sie völlig vergessen. Gut, dass es ihr wieder eingefallen ist.

Da saust plötzlich ein Schneeball auf Sara zu und landet mitten auf ihrem Bauch.

»Attacke!«, schreit Papa und kommt hinter der Hausecke hervor. »Die Schneeballschlacht ist eröffnet!«

Sara klopft sich den Schnee von der Jacke und lacht.

Dann formt sie schnell ein paar Schneebälle.

»Na warte!«, murmelt sie und feuert einen Schneeball nach dem anderen auf Papa ab. »Jetzt kannst du was erleben!«
Papa rettet sich mit einem Sprung hinter die Mülltonnen und ruft: »Hilfe, aufhören! Ich ergebe mich! Du bist die Schneeballkönigin.«
Sara kichert. »Prima. Bauen wir jetzt einen Schneemann?«
»In Ordnung«, sagt Papa und kommt wieder hinter den Mülltonnen hervor. »Zuerst brauchen wir eine große Kugel für den Bauch.«
Es fällt immer mehr Schnee. Eigentlich ist heute doch ein ganz schöner Tag, denkt Sara und macht sich an die Arbeit.

Wünsch dir was!

Bald ist Weihnachten, und Tim hat noch kein einziges Geschenk. Er braucht auf jeden Fall etwas für Mama und Papa. Und für Britta, seine große Schwester, auch wenn sie manchmal ganz schön blöd ist. Oma darf er natürlich auch nicht vergessen. Tim seufzt. Das wird eine Menge Arbeit. Aber bevor er anfängt, will Tim wissen, worüber sich die anderen freuen würden.

Als Erstes geht er zu Mama ins Arbeitszimmer. Sie sitzt am Computer und schreibt.

»Was wünschst du dir zu Weihnachten?«, fragt Tim.

Mama gibt ihm einen schnellen Kuss auf die Stirn. »Dass du immer schön brav bist, mein Schatz«, sagt sie und tippt weiter.

Tim schüttelt den Kopf. »Nein, du musst dir was Richtiges wünschen!«

»Später, jetzt hab ich keine Zeit«, entgegnet Mama.

Tim ist überhaupt nicht zufrieden. Was soll er denn mit so einer Antwort anfangen? Vielleicht hat Papa ja einen besseren Wunsch. Tim geht in die Küche.

Papa deckt gerade den Tisch fürs Abendbrot.

»Was wünschst du dir zu Weihnachten?«, fragt Tim.

»Dass du mir beim Tischdecken hilfst«, antwortet Papa und drückt Tim die Butterdose in die Hand.

»Sonst nichts?«, fragt Tim.

Papa lacht. »Nein, sonst bin ich wunschlos glücklich.«

Tim stellt die Butterdose auf den Tisch und verdrückt sich schnell wieder aus der Küche. Schließlich hat er noch zu tun. Jetzt kommt Britta an die Reihe. Sie liegt auf ihrem Bett und liest.

»Was wünschst du dir zu Weihnachten?«, fragt Tim.

»Dass du aus meinem Zimmer verschwindest«, faucht Britta. »Ich will in Ruhe lesen!«

»Blöde Kuh«, sagt Tim und knallt die Tür hinter sich zu. Manchmal findet er Britta richtig bescheuert.
Tim setzt sich an seinen Schreibtisch und seufzt. Jetzt weiß er immer noch nicht, was er wem schenken soll. Warum können sich Mama, Papa und Britta denn nicht vernünftige Sachen wünschen? Tim stützt den Kopf in die Hände und überlegt – und plötzlich hat er eine tolle Idee!
Er malt eine große Uhr auf ein Stück Pappe. Dann bastelt er zwei Zeiger aus Papier und befestigt sie mit einer Reißzwecke an der Pappuhr. Die kriegt Mama – dann hat sie immer genug Zeit. Denn brav ist er ja sowieso.
Papa bekommt eine Schachtel mit Gutscheinen. Einen Gutschein mit aufgemalten Tassen und Tellern zum Spülmaschine-Ausräumen, einen mit einem gedeckten Tisch fürs Abendbrot-Machen und einen Gutschein mit einem Bett, in das Tim sich selbst gemalt hat. Den kann Papa einlösen, wenn Tim ohne zu zetern schlafen gehen soll.

Für Britta ist Tim auch etwas eingefallen: Er bastelt ihr ein Stoppschild! Das kann sie an ihre Tür hängen, wenn sie in Ruhe lesen will. Aber wenn das Schild nicht da hängt, darf Tim jederzeit in ihr Zimmer kommen, ohne angemeckert zu werden.
Jetzt fehlt nur noch Oma. Was sie sich wohl wünscht? Wenn sie zu Besuch kommt, sagt sie oft: »Wenn ich euch sehe, geht's mir gut.« Also malt Tim ein Bild von der ganzen Familie: Mama, Papa, Britta, Tim und natürlich Oma. Das kann sich Oma zu Hause an die Wand hängen und anschauen – dann geht's ihr immer gut.
Zufrieden betrachtet Tim seine Geschenke. Jeder kriegt das, was er sich am meisten wünscht. Jetzt kann Weihnachten kommen!

Mias Dämmerstunde

Mia freut sich schon, denn gleich kommt ihre Lieblingssendung im Fernsehen. Im Moment läuft noch Werbung, aber gleich geht es los. Doch was ist das? Plötzlich wird der Bildschirm schwarz, und das Licht im Wohnzimmer geht aus. Mia läuft zum Fernseher und drückt ein paarmal auf den Einschaltknopf. Nichts passiert.

Da kommt Mama ins Wohnzimmer. »Der Strom ist ausgefallen«, sagt sie. »Papa überprüft gerade die Sicherungen im Keller.«

»Wie lange dauert das?«, fragt Mia. »Gleich fängt *Ponyhof Hufeisen* an.«

»Der Strom ist bestimmt bald wieder da«, sagt Mama. »In der Zwischenzeit können wir ja ein paar Kerzen anzünden, damit wir nicht im Dunkeln sitzen.«

Draußen dämmert es. Mama zündet die Kerzen auf dem Adventskranz an und die Teelichter auf der Fensterbank. Dann holt sie noch ein paar Kerzen aus dem Schrank und stellt sie im Wohnzimmer auf. Die Flammen flackern und leuchten warm aus den dunklen Ecken. Das Wohnzimmer sieht im Kerzenlicht ganz anders aus als sonst. Irgendwie viel gemütlicher, findet Mia. Und sehr weihnachtlich.
Papa steckt den Kopf zur Tür herein. »Eine Sicherung ist durchgebrannt«, sagt er. »Ich fahre schnell in die Stadt und kaufe eine neue.«
»Was?«, ruft Mia. »Das dauert viel zu lange! Bis du wieder da bist, ist *Ponyhof Hufeisen* bestimmt schon vorbei.«
»Schneller geht's leider nicht«, sagt Papa und macht sich auf den Weg.
Mia ärgert sich. »So was Blödes! Warum muss der Strom denn ausgerechnet jetzt ausfallen?«
»Das ist wirklich blöd«, sagt Mama. »Aber so schlimm ist es auch wieder nicht. Was hältst du davon, wenn wir eine Dämmerstunde abhalten?«
»Eine Dämmerstunde?«, fragt Mia. »Was ist das denn?«
»Das ist die Stunde, in der es dunkel wird«, erklärt Mama und zeigt nach draußen. »So wie jetzt gerade. Früher haben die Menschen bei Einbruch der Dunkelheit aufgehört zu arbeiten. Sie sind nach Hause gegangen und haben sich vor dem Kaminfeuer zusammengesetzt. Dort haben sie sich unterhalten, Geschichten erzählt oder Lieder gesungen.«
»Die hatten bestimmt auch keinen Strom«, überlegt Mia. »So wie wir. Und bei uns gibt's zwar keinen Kamin, aber dafür haben wir die Kerzen.«
»Genau«, sagt Mama. »Und jetzt machen wir es uns richtig gemütlich.«
Mama und Mia kochen Tee und stellen einen Teller mit Spekulatius auf den Tisch. Dann holt Mama das dicke Weihnachtsbuch und liest Mia eine Geschichte vor.

»Noch eine!«, ruft Mia, als Mama fertig ist.
»Na gut«, sagt Mama und liest noch eine Geschichte vor.
Danach singen Mama und Mia Weihnachtslieder. Mia wird richtig weihnachtlich zumute. Am liebsten würde sie immer weitersingen.
Doch plötzlich geht das Licht wieder an. Mia kneift geblendet die Augen zusammen. »Mann, ist das hell!«, schimpft sie.
Papa kommt ins Wohnzimmer. »Ich hab mich extra beeilt«, sagt er. »Vielleicht kannst du noch den Schluss von deiner Lieblingssendung sehen.«
Aber Mia schüttelt den Kopf. Sie läuft zum Lichtschalter und macht das Licht wieder aus.
»Ich hab jetzt keine Zeit für so was«, sagt sie und zieht Papa zum Sofa. »Wir machen gerade eine Dämmerstunde, und du darfst dir das nächste Lied aussuchen.«

Vorlesen mit ellermann

Die schönsten Vorlesebücher für Kinder

ab 4 Jahren

Henriette Wich
Kleine Ritter-Geschichten zum Vorlesen
Ab 4 Jahren · 48 S.
ISBN 978-3-7707-3962-2

Maja von Vogel
Kleine Pony-Geschichten zum Vorlesen
Ab 4 Jahren · 48 S.
ISBN 978-3-7707-3942-4

Isabel Abedi
Kleine Piraten-Geschichten zum Vorlesen
Ab 4 Jahren · 48 S.
ISBN 978-3-7707-2105-4

Maja von Vogel
Kleine Strand-Geschichten zum Vorlesen
Ab 4 Jahren · 48 S.
ISBN 978-3-7707-3940-0

Frauke Nahrgang
Kleine Geschwister-Geschichten zum Vorlesen
Ab 4 Jahren · 48 S.
ISBN 978-3-7707-3330-9

Elisabeth Zöller / Brigitte Kolloch
Kleine Dinosaurier-Geschichten zum Vorlesen
Ab 4 Jahren · 48 S.
ISBN 978-3-7707-2917-3

Das Vorleseprogramm von ellermann – für Kinder im Alter von 2, 3 und 4 Jahren

Weitere Informationen unter:
www.ellermann.de

23
7
18
1
14
5
16
3
12
8
21
22